Pascale Weeks

Cadeaux gourmands !

Photographies de Bernard Radvaner

Stylisme d'Anne-Sophie Lhomme

ISBN : 978-2-7540-0573-9
Dépôt légal : 4e trimestre 2007
Imprimé en France - L45967
Édition : Élodie Le Joubioux
Conception graphique : KUMQUAT
Photos © Bernard Radvaner
Pictogramme © Pascale Etchecopar

Nous nous efforçons de publier des ouvrages qui correspondent à vos attentes et votre satisfaction est pour nous une priorité. Alors, n'hésitez pas à nous faire part de vos commentaires :

Éditions First
2 ter, rue des Chantiers
75005 Paris – France
e-mail : firstinfo@efirst.com
Site internet : www.efirst.com

Pour un côté encore plus personnel, amusez-vous à « customiser » les contenants, comme nous l'avons fait sur certaines photos. Cela ne prend pas un temps fou et c'est très amusant.

Utilisez des cercles de tissu ou de feutrine, des serviettes en papier, du papier kraft pour recouvrir vos pots de confiture, et faites-les tenir avec un élastique. Pour cacher l'élastique, des brins de raphia ou des rubans.

Plutôt que de coller des étiquettes, ajoutez un petit morceau de carton, que vous percerez d'un trou dans lequel vous passerez le ruban.

Ces cadeaux peuvent également servir à composer des paniers gourmands pour de grandes occasions, comme Noël ou Pâques. Dans ce cas, servez-vous de paniers ou de boîtes à chaussures éventuellement décorées et ajoutez du papier Cellophane, comme dans les épiceries fines. N'hésitez pas à ajouter des produits achetés, comme des pâtes artisanales avec le pesto (recette page 12) ou du Vino Santo avec les biscotti (recette page 80).

Faites-vous plaisir en gâtant ceux que vous aimez...

Ketchup

bon marché • facile à réaliser • préparation : 15 min • cuisson : 40 min • pour 1 bocal de 40 cl

1 passoire - 2 bols

1 cocotte en fonte ou 1 sauteuse

1 robot de type mixeur ou 1 mixeur plongeur

1 bocal stérilisé

1 grosse boîte de tomates pelées au jus (poids net égoutté : 480 g)

1/2 oignon finement émincé

1 cuil. à soupe rase de gingembre frais pelé et râpé

2 cuil. à soupe d'huile d'olive

5 cl de vinaigre de cidre

40 g de sucre roux

1 cuil. à café rase de sel

1 pointe de couteau d'un mélange 4-épices

1 pointe de couteau de piment de Cayenne

1 pointe de couteau de muscade fraîchement râpée

1 Posez une passoire fine sur un grand bol, puis videz la boîte de tomates dans la passoire.
Récupérez les tomates, pressez-les avec vos mains au-dessus d'un second bol pour retirer le jus.
Laissez bien le restant de la boîte s'écouler à travers la passoire.

2 Retirez le pédoncule des tomates, coupez-les en 4, puis mettez-les dans une cocotte en fonte ou dans une sauteuse.
Ajoutez l'huile, l'oignon, le gingembre, 10 cl du jus de tomate récupéré dans le premier bol et 100 g de la pulpe de tomate récupérée dans la passoire.
Faites mijoter 15 minutes sur feu doux.

3 Mixez le contenu de la cocotte, soit dans un mixeur, soit directement dans la cocotte à l'aide d'un mixeur plongeur.
Remettez la purée de tomates dans la cocotte, ajoutez le vinaigre, le sucre, le sel et les épices, puis mélangez.

4 Portez à ébullition, baissez le feu et laissez mijoter pendant 25 minutes sur feu doux en remuant de temps en temps, jusqu'à ce que le mélange épaississe.
Versez dans un bocal et fermez.
Laissez refroidir et conservez au frais jusqu'au moment de l'offrir.

nos astuces de présentation

Offrez-le dans des petites bouteilles ou dans un bocal en verre. Ajoutez une étiquette que vous ferez tenir à l'aide d'une petite pince à linge (magasins de loisirs créatifs) ou à l'aide d'un ruban.

que dire en l'offrant ?

Le ketchup n'est pas une invention moderne mais date de l'époque victorienne. On l'utilisait beaucoup pour épaissir les sauces. Il se conserve 3 semaines au frais.

tom Ketchup

Chutney aux poires et aux dattes

bon marché • facile à réaliser • préparation : 15 min • cuisson : 1 h 15 • pour 1 bocal de 50 cl

1 cocotte en fonte ou 1 sauteuse
1 bocal stérilisé

3 poires (environ 650 g)
15 cl de vinaigre de cidre
10 cl d'eau
80 g de sucre roux
1 cuil. à soupe bombée de gingembre frais pelé et râpé
1/2 cuil. à café de sel
1 oignon émincé
100 g de dattes dénoyautées et coupées en 6

1 Lavez, pelez les poires, coupez-les en deux et retirez le cœur et le filament. Coupez les demi-poires en 8, et réservez.

2 Versez le vinaigre et l'eau dans une cocotte en fonte ou dans une sauteuse. Ajoutez le sucre, le gingembre et le sel. Portez à ébullition et laissez cuire pendant 2 minutes, sur feu moyen.

3 Ajoutez les poires, l'oignon et les dattes. Baissez le feu, couvrez, et laissez mijoter sur feu doux, pendant 30 minutes, en remuant de temps en temps. Retirez le couvercle, et poursuivez la cuisson pendant 45 minutes environ, jusqu'à ce qu'il n'y ait plus de liquide.

4 Versez dans un bocal et fermez. Laissez refroidir, puis conservez au frais pendant 2 semaines avant de l'offrir.

nos astuces de présentation

Un pot de confiture transparent recouvert d'un cercle de tissu ou de papier, à faire tenir avec un élastique. Pour cacher l'élastique, un joli ruban ou du raphia. Accrochez un petit carton plié en deux, à percer d'un trou pour pouvoir faire passer le ruban ou le raphia.
Vous pouvez également utiliser des bocaux type Le Parfait en ajoutant une étiquette ou un carton.

que dire en l'offrant ?

Le chutney est l'accompagnement idéal des currys indiens. Vous pouvez également le déguster avec du fromage ou du poulet froid. Ce chutney se conserve 3 semaines au frais.

Chutney For my Honey

Ananas confit au poivre de Penja

coût moyen • facile à réaliser • préparation : 20 min • cuisson : 1 h 15 • pour 1 bocal de 50 cl

1 cocotte en fonte ou 1 sauteuse
1 bocal stérilisé

- 1 ananas (soit 600 g de chair)
- 5 cl de vinaigre de cidre
- 15 cl d'eau
- 50 g de sucre roux
- 1 cuil. à soupe bombée de gingembre frais pelé et râpé
- 3 pincées de sel
- 5 tours de moulin à poivre de Penja

1 Pelez l'ananas, retirez les yeux et coupez-le en tranches de 1,5 cm environ. Retirez le centre dur de chaque tranche, puis coupez-les en 8 morceaux.

2 Versez le vinaigre et l'eau dans une cocotte en fonte ou dans une sauteuse. Ajoutez le sucre, le gingembre et le sel. Portez à ébullition et laissez cuire pendant 2 minutes, sur feu moyen.

3 Ajoutez les morceaux d'ananas et remuez. Baissez le feu, couvrez, et laissez mijoter sur feu doux, pendant 30 minutes, en remuant de temps en temps. Retirez le couvercle, et poursuivez la cuisson pendant 30 minutes en remuant de temps en temps. Au bout de 30 minutes, il doit rester environ 5 cuillerées à soupe de liquide. Portez à ébullition et remuez sans cesse jusqu'à ce qu'il n'y ait plus de liquide.

4 Hors du feu, ajoutez le poivre et remuez. Versez dans un bocal et fermez. Laissez refroidir et conservez au frais jusqu'au moment de l'offrir.

nos astuces de présentation

Un pot de confiture transparent recouvert d'un cercle de tissu ou de papier, à faire tenir avec un élastique. Pour cacher l'élastique, un joli ruban ou du raphia. Accrochez un petit carton plié en deux, à percer d'un trou pour pouvoir faire passer le ruban ou le raphia.
Vous pouvez également utiliser des bocaux type Le Parfait en ajoutant une étiquette ou un carton.

que dire en l'offrant ?

Vous pouvez le manger avec un curry indien ou avec du poisson. Ce confit se conserve 2 semaines au frais.

Crème d'olives

bon marché • facile à réaliser • préparation : 10 min • pour 1 bocal de 30 cl

1 bol
1 robot de type mixeur
1 bocal

180 g d'olives noires dénoyautées
50 g de sardines à l'huile d'olive
50 g de tomates séchées
8 cuil. à soupe d'huile d'olive
2 pincées de piment d'Espelette

Égouttez les sardines au-dessus d'un bol et récupérez l'huile d'olive. Complétez afin d'avoir 8 cuillerées à soupe d'huile.

Mettez tous les ingrédients dans le bol de votre robot de type mixeur et actionnez-le jusqu'à l'obtention d'une purée assez grossière.

Arrêtez de temps en temps le robot pour racler les bords. Versez dans un bocal, lissez la surface et fermez.

Nos astuces de présentation
Un petit pot de confiture ou un bocal en verre ou un ramequin à recouvrir de papier cellophane fermé par un ruban.

Pesto sicilien

bon marché • très facile à réaliser • préparation : 10 min • pour 1 bocal de 30 cl

1 petit robot de type mixeur
1 bocal

50 g d'olives vertes dénoyautées
150 g d'olives noires dénoyautées
50 g de câpres
50 g de tomates séchées
1 cuil. à soupe d'origan séché
1 cuil. à soupe de romarin frais haché
2 cuil. à soupe de persil plat ciselé
14 cuil. à soupe d'huile d'olive

Mettez tous les ingrédients dans le bol de votre robot de type mixeur et actionnez-le jusqu'à l'obtention d'une purée.

Arrêtez de temps en temps le robot pour racler les bords.

Versez dans un bocal, lissez la surface et fermez.

Nos astuces de présentation
Un petit pot de confiture ou un bocal en verre. N'hésitez pas à offrir de bonnes pâtes italiennes artisanales avec ce pesto.

LES OLIVES POUR YVES
LE PESTO POUR LOLO

Tomates séchées au romarin

bon marché • facile à réaliser • préparation : 20 min • cuisson : 3 à 4 h • pour 1 bocal de 50 cl

1 passoire
1 assiette creuse
1 plaque de cuisson antiadhésive
1 bocal stérilisé

une dizaine de tomates (Roma par exemple)
2 cuil. à café rases de sel fin
2 cuil. à café rases de sucre
fleur de sel
2 cuil. à soupe de thym frais
2 branches de romarin
huile d'olive

1. Lavez, coupez les tomates en 4, puis mettez-les dans une passoire posée sur une assiette creuse. Ajoutez le sel, remuez et laissez dégorger ainsi pendant 30 minutes. Préchauffez votre four à 100 °C (th. 3-4).

2. Étalez les tomates sur une plaque de cuisson antiadhésive. Saupoudrez avec le sucre et un peu de fleur de sel. Ajoutez le thym et le romarin, puis enfournez pendant 2 heures.

3. Retournez les tomates et poursuivez la cuisson pendant encore 2 ou 3 heures, jusqu'à ce que vos tomates soient bien ridées.

4. Mettez les tomates dans un bocal, ajoutez de l'huile d'olive pour les recouvrir et conservez au frais.

nos astuces de présentation

Un bocal en verre type Le Parfait, ou un pot de confiture.

que dire en l'offrant ?

Ces tomates sont excellentes avec une salade, dans des pâtes, dans un sandwich au fromage de chèvre, ou juste picorées directement dans le pot. Elles se conservent une dizaine de jours au frais.

Confiture de tomates, pommes et poivrons aux piments

bon marché • facile à réaliser • préparation : 20 min • cuisson : 1 h15 • pour 2 bocaux de 30 cl

1 robot de type blender ou de type mixeur

1 cocotte en fonte ou 1 sauteuse

2 bocaux stérilisés

500 g de tomates bien mûres

1 poivron rouge

1 pomme

3 petits piments rouges frais

4 gousses d'ail pelées

1 gros morceau de gingembre (50 g), pelé et émincé

le jus d'1 citron vert

450 g de sucre roux

15 cl de vinaigre de cidre

1 Dans le bol de votre robot, mettez la moitié des tomates, les piments entiers et équeutés, l'ail, le gingembre et le jus de citron vert. Mixez jusqu'à l'obtention d'une purée.

2 Versez ce mélange dans une cocotte en fonte ou dans une sauteuse, ajoutez le vinaigre et le sucre. Coupez la seconde moitié des tomates en dés de 5 mm et ajoutez-les dans la cocotte. Retirez les graines du poivron ainsi que les parties blanches, coupez la chair en dés de 5 mm et ajoutez-les dans la cocotte. Pelez la pomme, retirez le cœur, coupez-la en dés de 5 mm et ajoutez-les également dans la cocotte.

3 Portez à ébullition, baissez le feu et laissez mijoter pendant 1 heure 15 environ. Remuez très souvent et, de temps en temps, retirez l'écume qui se forme. Pour tester la cuisson de la confiture, versez une goutte de liquide sur une assiette que vous aurez mise 5 minutes dans votre congélateur. Si elle « prend », c'est que la confiture est prête. Sinon, poursuivez la cuisson en testant la consistance toutes les 3 minutes.

4 Versez la *chili jam* dans deux bocaux et fermez. Laissez refroidir et conservez au frais jusqu'au moment de l'offrir.

nos astuces de présentation

Un pot de confiture avec un couvercle « customisé ». Pour customiser le couvercle, je vous suggère d'utiliser la technique du « décopatch », très facile à réaliser. Vous trouverez le matériel dans les magasins de loisirs créatifs. La technique consiste à découper des morceaux de papier très fin que l'on colle sur un support. Le support est ensuite verni, ce qui donne de très jolis résultats.

que dire en l'offrant ?

Cette confiture épicée (*chili jam*) peut s'utiliser en fin de cuisson de crevettes sautées par exemple, dans un curry, ou sur une tartine de fromage de chèvre, en petite quantité. Elle se conserve plusieurs semaines au frais.

Confit d'oignons doux au vin rouge et au gingembre

bon marché • facile à réaliser • préparation :15 min • cuisson : 50 min • pour 2 bocaux de 30 cl

1 cocotte en fonte ou 1 sauteuse

2 bocaux stérilisés de 30 cl

1 kg d'oignons doux

40 g de beurre

40 g de sucre roux

1 cuil. à soupe bombée de gingembre frais pelé et râpé

15 cl de porto

2 cuil. à soupe de vinaigre balsamique

sel et poivre du moulin

1. Pelez les oignons, puis coupez-les en tranches. Séparez les anneaux de chaque tranche avec vos mains. Faites fondre le beurre dans une cocotte en fonte ou dans une sauteuse. Ajoutez les oignons, le gingembre et le sucre.

2. Remuez bien, couvrez, puis laissez mijoter sur feu très doux, pendant 30 minutes, en remuant de temps en temps. Les oignons doivent être bien tendres.

3. Ajoutez le porto, le vinaigre, et faites mijoter sans couvrir, pendant 20 minutes environ. Il ne doit presque plus y avoir de liquide dans la cocotte et les oignons doivent être bien confits.

4. Salez, poivrez, goûtez et rectifiez éventuellement l'assaisonnement. Mettez dans les bocaux, laissez refroidir et conservez au frais.

nos astuces de présentation

Un pot de confiture transparent recouvert d'un cercle de tissu ou de papier, à faire tenir avec un élastique. Pour cacher l'élastique, un joli ruban ou du raphia. Accrochez un petit carton plié en deux, à percer d'un trou pour pouvoir faire passer le ruban ou le raphia. Vous pouvez également utiliser des bocaux type Le Parfait en ajoutant une étiquette ou un carton.

que dire en l'offrant ?

Ce confit d'oignons accompagne avec délice la terrine de canard (recette page 24), n'importe quelle viande froide ou du fromage. Il se conserve une dizaine de jours au frais.

Confit
d'Oig

Citrons confits

bon marché • très facile à réaliser • préparation : 15 min • pour 1 bocal de 50 cl

1 bocal stérilisé
1 petite brosse

5 citrons jaunes non traités
100 g de gros sel
le jus de 3 citrons
15 cl d'huile d'olive

Lavez les citrons en les brossant.
Séchez-les, puis coupez-les en 8 quartiers.

Mettez-les dans le bocal avec le gros sel et le jus de citron.
Laissez mariner 5 jours en remuant le bocal tous les jours.

Ajoutez alors de l'huile d'olive pour recouvrir entièrement les citrons.
Conservez au frais.

Nos astuces de présentation
Un bocal en verre type Le Parfait ou un joli bocal aux formes épurées.

Petits fromages de chèvre marinés à l'huile d'olive et aux herbes

coût moyen • très facile à réaliser • préparation : 10 min • pour 1 bocal de 1 l

1 bocal stérilisé

4 petits fromages de chèvre mi-secs, type crottins de Chavignol
1 petite branche de romarin
1 feuille de laurier
1 brindille de thym frais
10 baies roses
1 piment oiseau séché
75 cl d'huile d'olive

Lavez les herbes, puis séchez-les.

Mettez les fromages dans un bocal.
Ajoutez le romarin, le laurier, le thym, les baies roses et le piment.

Recouvrez avec l'huile.
Laissez mariner 15 jours dans un endroit frais et sec, à l'abri de la lumière, avant de déguster.

Nos astuces de présentation
Un bocal en verre type Le Parfait ou un joli bocal aux formes épurées.

Poivrons marinés aux herbes

bon marché • facile à réaliser • préparation : 50 min • cuisson : 20 à 30 min • pour 1 bocal de 1 l

1 plaque de cuisson antiadhésive

3 sacs en plastique ou 3 sacs de congélation

1 grand bol

1 petit bol

1 bocal

6 poivrons rouges, jaunes ou oranges ou un mélange des trois

fleur de sel

poivre du moulin

2 cuil. à soupe de vinaigre balsamique

6 cuil. à soupe d'huile d'olive

2 gousses d'ail pelées

10 cl d'huile d'olive pour recouvrir les poivrons

6 feuilles de basilic lavées et séchées

1 Préchauffez votre four à 230 °C (th. 7). Lavez, séchez les poivrons, puis posez-les sur une plaque de cuisson antiadhésive. Enfournez-les pour 20 à 30 minutes en les retournant régulièrement. Lorsque la peau des poivrons est boursouflée et brune, sortez-les du four et mettez-les deux par deux dans des sacs en plastique ou des sacs de congélation. Nouez les sacs et laissez reposer au moins 15 minutes.

2 Ouvrez les sacs en faisant attention à l'écoulement du jus de cuisson. Posez les poivrons sur une grande planche à découper. Retirez la peau des poivrons, ouvrez-les et retirez les graines. Coupez la chair des poivrons en carrés de 3 cm de côté environ et mettez-les dans un grand bol.

3 Coupez les gousses d'ail en tranches. Dans un petit bol, mélangez le sel, le poivre et le vinaigre. Ajoutez les cuillerées à soupe d'huile et mélangez. Versez la vinaigrette sur les poivrons et mélangez. Ajoutez l'ail, le basilic, et mélangez.

4 Versez les poivrons dans un bocal, recouvrez d'huile d'olive et fermez le bocal. Conservez dans un endroit frais et sec, à l'abri de la lumière.

nos astuces de présentation

Un pot de confiture transparent ou un bocal en verre.

que dire en l'offrant ?

Ces poivrons se marient très bien avec un poisson grillé, avec une salade ou du fromage en prenant soin de retirer les tranches d'ail. Gardez l'huile restante pour assaisonner vos salades, elle sera très agréablement parfumée. Ils se conservent pendant une semaine à température ambiante, à l'abri de la lumière.

314 ml

Terrine de canard aux noisettes

coût moyen • assez facile à réaliser • préparation : 40 min • cuisson : 1 h 45 • pour 2 terrines de 60 cl

1 robot de type mixeur
1 grand saladier
1 poêle - 2 terrines
1 plat type plat à gratin

500 g de chair de canard prélevée sur des cuisses

350 g de filet mignon de porc

200 g de lard gras

1 magret de canard (environ 300 g)

4 échalotes émincées

2 gousses d'ail émincées

1 noix de beurre - 1 œuf

5 cl de cognac

7 pruneaux dénoyautés et coupés en 6

1/2 bouquet de persil plat ciselé

2 cuil. à soupe de thym frais

2 cuil. à soupe rases de sel (20 g) - 1 cuil. à café rase de poivre (3 g)

3 pincées d'un mélange 4-épices

4 feuilles de laurier

1 Demandez à votre volailler de désosser des cuisses de canard et de retirer la peau (vous devez obtenir 500 g de chair). Coupez la chair en morceaux de 4 cm, mettez-les dans un robot de type mixeur et hachez par à-coups jusqu'à obtenir un hachis. Coupez le filet mignon de porc en morceaux de 4 cm et hachez-les de la même manière. Coupez le lard gras en dés et hachez-le.

2 Retirez la peau du magret, coupez la chair en 4 lanières et réservez. Mettez l'ensemble des viandes (sauf le magret) dans un grand saladier. Faites revenir les échalotes et l'ail dans le beurre pendant 4 minutes sur feu doux, puis ajoutez-les à la viande. Ajoutez le cognac, l'œuf, les pruneaux, le persil, le thym, le sel, le poivre et les épices, puis mélangez bien avec vos mains directement dans le saladier.

3 Mettez 1/4 du mélange dans une terrine, ajoutez la moitié des lanières de canard et tassez. Ajoutez un second 1/4 pour remplir la terrine et tassez. Posez deux feuilles de laurier sur le dessus. Procédez de la même manière pour la seconde terrine.

4 Cuisson au bain-marie : mettez les deux terrines dans un plat type plat à gratin et remplissez-le aux 3/4 avec de l'eau bouillante. Enfournez et faites cuire pendant 1 heure 45. Laissez les terrines dans leur bain-marie dans le four éteint pendant 3 heures. Videz la moitié de la graisse rendue, couvrez et laissez encore refroidir à température ambiante. Mettez au frais.

nos astuces de présentation

Offrez les terrines qui vous ont servi pour la cuisson ou transvasez le contenu de vos terrines dans un bocal en verre type Le Parfait.

que dire en l'offrant ?

Cette terrine se marie très bien avec le confit d'oignons (recette page 18). Elle se conserve une semaine au frais.

Rillettes de thon à la pomme verte

bon marché • très facile à réaliser • préparation : 30 min • cuisson : 20 à 30 min • pour 1 bocal de 50 cl

1 robot de type mixeur
1 bocal

- 2 grosses boîtes de thon au naturel
- 1/2 pomme verte
- 50 g d'olives vertes dénoyautées
- 50 g de beurre mou
- le zeste et le jus d'1 citron
- 3 cuil. à soupe d'huile d'olive
- 2 cuil. à soupe d'origan
- 1 cuil. à soupe de thym frais
- 1/2 cuil. à café rase de sel fin
- poivre du moulin

1. Égouttez le thon et mettez-le dans le bol d'un robot de type mixeur.
2. Ajoutez le reste des ingrédients, excepté la pomme, et actionnez le robot, jusqu'à obtenir une purée très grossière.
3. Goûtez et rectifiez éventuellement l'assaisonnement en jus de citron et/ou en sel.
4. Lavez puis coupez la pomme en deux, retirez le cœur, râpez une moitié, puis ajoutez-la au thon. Mélangez bien, mettez dans une terrine et réservez au frais.

nos astuces de présentation

Une petite terrine en porcelaine ou un bocal en verre type Le Parfait.

que dire en l'offrant ?

Ces rillettes au thon se servent à l'apéritif sur des tranches de baguette grillée. Elles peuvent également faire partie d'une assiette d'antipasti.
Elles se conservent au frais pendant 2 jours.

Huile pimentée

coût moyen • très facile à réaliser • préparation : 10 min • pour 1 bouteille de 25 cl

1 bouteille en verre

20 cl d'huile d'olive
2 petites branches de romarin
2 branches de thym
3 feuilles de laurier
10 piments oiseaux séchés
1 cuil. à café de grains de poivre
1 cuil. à café de baies roses

Lavez les herbes, séchez-les, puis mettez-les dans la bouteille.

Ajoutez les piments, le poivre et les baies.

Versez l'huile d'olive.

Fermez la bouteille, puis conservez-la à l'abri de la lumière pendant au moins 15 jours avant de l'offrir.

Vinaigre à la fraise

bon marché • facile à réaliser • préparation : 20 min • cuisson : 12 min • pour 2 bouteilles de 50 cl

1 saladier
1 casserole
1 tamis ou 1 passoire fine
2 bouteilles stérilisées

1 l de vinaigre de cidre
30 g de sucre
400 g de fraises

Lavez les fraises, puis équeutez-les.

Coupez-les en deux, puis mettez-les dans un saladier.

Versez le vinaigre, couvrez et laissez mariner à température ambiante pendant 2 heures.

Versez le mélange dans une casserole, ajoutez le sucre et portez à ébullition.

Baissez le feu et laissez mijoter sur feu doux pendant 10 minutes.

Versez le contenu de la casserole dans une passoire ou un tamis posé sur un saladier, puis écrasez grossièrement les fraises à l'aide d'une cuillère à soupe.

Remplissez les bouteilles et laissez reposer une semaine à l'abri de la lumière avant de l'offrir.

Nos astuces de présentation (pour les deux recettes)
Il existe, dans les boutiques qui vendent de l'huile et du vinaigre, de jolies bouteilles en verre ou en porcelaine, munies d'un bouchon en liège avec bec verseur. Sinon, utilisez un vase en verre très fin ou une bouteille en verre et ajoutez un bouchon en liège que vous ajusterez à la taille du goulot.

Vinaigre à la fraise

Sablés au parmesan, thym et noisettes

bon marché • facile à réaliser • préparation : 25 min • cuisson : 12 min • pour 30 sablés environ

1 saladier
film étirable
1 ou 2 plaques de cuisson antiadhésives

100 g de beurre demi-sel mou

100 g de farine

1 cuil. à café rase de levure chimique

25 g de semoule de blé dur

75 g de parmesan fraîchement râpé

2 cuil. à soupe de thym frais

30 noisettes entières décortiquées

1 Versez tous les ingrédients secs (sauf les noisettes) dans un saladier. Ajoutez le beurre coupé en dés et incorporez-le du bout des doigts. Malaxez juste ce qu'il faut pour former une boule.

2 Sur une surface farinée, formez 2 boudins de pâte de 4 cm de diamètre. Entourez-les de film étirable et mettez-les au frais pendant 30 minutes.

3 Préchauffez votre four à 180 °C (th. 6). Coupez chaque boudin en tranches de 1 cm d'épaisseur et déposez-les sur la plaque de cuisson. Posez une noisette au centre de chaque tranche en l'enfonçant très légèrement.

4 Enfournez et laissez cuire pendant 12 minutes, jusqu'à ce que les sablés soient blonds. Retirez-les de la plaque de cuisson à l'aide d'une spatule, puis laissez refroidir sur une grille.

nos astuces de présentation

Offrez-les dans un bol en bambou que vous entourerez d'un papier Cellophane fermé avec du raphia. Pensez à faire passer le raphia à travers une étiquette en carton trouée, qui accueillera votre message.

que dire en l'offrant ?

Ces sablés sont délicieux à l'apéritif ou pour accompagner une salade ou un velouté.
Ils se conservent 2 jours dans une boîte hermétique.

Sablés au comté, aux amandes et aux graines de pavot

bon marché • facile à réaliser • préparation : 25 min • cuisson : 12 min • pour 20 sablés environ

1 saladier
1 râpe
2 petits bols
1 emporte-pièce de 6 cm de diamètre ou un verre
1 rouleau à pâtisserie
1 pinceau
1 ou 2 plaques de cuisson antiadhésives

80 g de farine
20 g de poudre d'amandes
80 g de beurre demi-sel mou
100 g de comté fraîchement râpé
1 œuf
2 cuil. à soupe de graines de pavot

1. Préchauffez votre four à 180 °C. Versez la farine et la poudre d'amandes dans un saladier. Ajoutez le beurre coupé en dés et incorporez-le du bout des doigts. Ajoutez le jaune d'œuf, le comté, et malaxez juste assez pour former une boule de pâte.

2. Sur une surface farinée, étalez la pâte sur une épaisseur de 5 mm. Découpez des cercles à l'aide de l'emporte-pièce. Reformez une boule avec les chutes de pâte, étalez à nouveau et découpez des cercles.

3. Déposez-les sur la plaque de cuisson. Badigeonnez-les avec le blanc d'œuf, à l'aide d'un pinceau. Parsemez la surface de chaque sablé avec les graines de pavot.

4. Enfournez et laissez cuire pendant 10 à 12 minutes, jusqu'à ce que les sablés soient blonds. Retirez-les de la plaque de cuisson à l'aide d'une spatule, puis laissez refroidir sur une grille.

nos astuces de présentation

Offrez-les dans une cagette en bois que l'on trouve chez les boulangers pour présenter le pain. Pour personnaliser la cagette, je vous suggère d'utiliser des transferts que l'on trouve dans les magasins de loisirs créatifs. Ils permettent de créer des messages personnalisés.

que dire en l'offrant ?

Ces sablés sont délicieux à l'apéritif ou pour accompagner une salade ou un velouté.
Ils se conservent 2 jours dans une boîte hermétique.

gros calins

Sablés diamants à la vanille

bon marché • facile à réaliser • préparation : 25 min • cuisson : 12 min • pour 50 sablés environ

1 saladier
1 ou 2 plaques de cuisson antiadhésives
film étirable
papier sulfurisé
1 pinceau

250 g de farine
150 g de beurre mou
100 g de sucre
1 jaune d'œuf
1 gousse de vanille
1 pincée de sel
1 jaune d'œuf pour dorer
100 g de sucre cristal

1 Fendez la gousse de vanille en deux, grattez les graines à l'aide de la pointe d'un couteau et mettez-les dans un saladier. Ajoutez le sucre, le beurre coupé en dés et le jaune d'œuf. Mélangez à l'aide d'une spatule, jusqu'à obtenir un mélange crémeux. Ajoutez la farine, le sel, et sablez le mélange entre vos mains. Formez une boule, sans trop travailler la pâte.

2 Sur une surface farinée, formez 2 boudins de pâte de 3 cm de diamètre. Entourez-les de film étirable et mettez-les au frais pendant 30 minutes.

3 Préchauffez votre four à 180 °C (th. 6). Versez le sucre cristal sur une feuille de papier sulfurisé. Badigeonnez chaque boudin avec le jaune d'œuf, à l'aide d'un pinceau, puis roulez-les dans le sucre. Coupez chaque boudin en tranches de 1 cm d'épaisseur et déposez-les sur une plaque de cuisson.

4 Enfournez et laissez cuire pendant 12 minutes, jusqu'à ce que les sablés soient blonds. Retirez-les de la plaque de cuisson à l'aide d'une spatule, puis laissez refroidir sur une grille.

nos astuces de présentation

Dans une petite boîte métallique garnie de papier de soie, dans du papier Cellophane avec un joli ruban ou dans une boîte en carton à peindre ou à décorer de jolies étiquettes.

que dire en l'offrant ?

Les sablés diamants, fleuron de la pâtisserie française, se conservent très bien plusieurs jours dans une boîte hermétique.

Sucre vanillé

coût moyen • très facile à réaliser • préparation : 10 min • pour 250 g de sucre

1 petit robot de type mixeur
1 tamis ou 1 passoire fine
1 bocal

250 g de sucre
2 gousses de vanille

Fendez les gousses de vanille, grattez les graines à l'aide de la pointe d'un couteau et mettez-les dans le bol de votre robot. Coupez les gousses en petits morceaux et ajoutez-les dans le robot avec 50 g de sucre.

Mixez en plusieurs fois, jusqu'à ce que les gousses soient bien broyées. Ajoutez le restant du sucre, et mixez à nouveau, juste pour mélanger.

Passez ce mélange à travers le tamis afin d'éliminer les derniers morceaux de gousse. Versez ce sucre vanillé dans un bocal.

Nos astuces de présentation
Dans un pot de confiture transparent recouvert d'un cercle de feutrine, à faire tenir avec un élastique. Pour cacher l'élastique, un joli ruban dans les tons de la feutrine. Pensez à accrocher une étiquette en carton au ruban, soit en la perçant, soit en la faisant tenir à l'aide d'une petite pince à linge que vous trouverez dans les magasins de loisirs créatifs.

Sel au romarin et aux épices

coût moyen • très facile à réaliser • préparation : 15 min • pour 2 bocaux de 20 cl

1 poêle
1 bol
1 petit robot de type mixeur, 1 moulin à café ou 1 mortier
1 saladier
2 bocaux

200 g de fleur de sel
2 cuil. à café rases de graines de coriandre
2 cuil. à café de graines de moutarde
2 piments oiseaux séchés
1 cuil. à soupe bombée de romarin ciselé

Faites chauffer une poêle sans matière grasse sur feu vif.
Versez les graines de coriandre, les graines de moutarde, et faites-les revenir jusqu'à ce qu'elles crépitent.
Versez-les dans un bol pour les faire refroidir.

Broyez-les légèrement avec les piments séchés en utilisant un mortier, un moulin à café ou un petit robot, jusqu'à ce qu'elles soient juste concassées.

Versez le mélange d'épices dans un saladier, ajoutez la fleur de sel et le romarin. Mélangez et versez dans les bocaux.

Nos astuces de présentation
Dans des tubes en verre, type tubes à essai avec un bouchon en liège, ou tout simplement dans un joli bocal en verre. Vous pouvez également recycler des pots de yaourt en terre.

Confiture de poires à la cardamome

bon marché • assez facile à réaliser • préparation : 30 min • cuisson : 16 min • pour 2 pots de confiture

1 saladier
1 cocotte ou 1 sauteuse
1 passoire fine
1 bol
2 pots de confiture stérilisés

800 g de poires (environ 3 grosses poires)
500 g de sucre
le jus d'1 citron
10 cl de jus de pomme
5 capsules de cardamome

1. Pelez les poires, coupez les en deux, retirez le cœur et le filament central. Coupez les poires en dés de 1 cm, puis mettez-les dans un saladier. Ajoutez le sucre, le jus de citron, le jus de pomme et remuez délicatement. Couvrez et laissez mariner à température ambiante pendant 12 heures.

2. Au bout de 12 heures, filtrez le contenu du saladier à travers une passoire. Récupérez le jus de la marinade et réservez les morceaux de poires. Versez le jus dans une cocotte ou dans une sauteuse. Ouvrez les capsules de cardamome, retirez les graines, broyez-les en poudre et ajoutez-les dans la cocotte.

3. Portez à ébullition sur feu moyen et laissez le sirop cuire pendant 8 minutes, à partir de la reprise de l'ébullition. Ajoutez les poires et continuez la cuisson pendant 8 minutes environ. La cuisson doit se faire à gros bouillons.

4. Pour tester la cuisson de la confiture, versez une goutte de liquide sur une assiette que vous aurez mise 5 minutes dans votre congélateur. Si elle « prend », c'est que la confiture est prête. Versez dans les pots stérilisés, fermez-les et retournez-les. Laissez tiédir et remettez les pots à l'endroit.

nos astuces de présentation

Un pot de confiture transparent recouvert d'un cercle de tissu beige (lin ou coton), à faire tenir avec un élastique. Pour cacher l'élastique, un joli ruban dans les tons de brun. Accrochez un rectangle en carton découpé avec des ciseaux à cranter et percé d'un trou pour pouvoir faire passer le ruban.

que dire en l'offrant ?

Cette confiture se marie très bien avec un pain aux céréales ou du pain d'épices grillé (recette page 54).
Les petits grains noirs que vous voyez sont les graines de cardamome broyées.

poires à la cardamome

Confiture de fraises à la vanille

bon marché • assez facile à réaliser • préparation : 30 min • cuisson : 13 min • pour 2 pots de confiture

1 saladier
1 cocotte ou 1 sauteuse
1 passoire fine
1 bol
2 pots de confiture stérilisés

1 kg de fraises
800 g de sucre
1 citron
1 gousse de vanille

1 Lavez les fraises en les passant très rapidement sous l'eau. Laissez-les bien sécher sur un torchon. Équeutez-les, puis mettez-les dans un grand saladier. Fendez la gousse de vanille en deux, grattez les graines à l'aide de la pointe d'un couteau et ajoutez-les aux fraises. Ajoutez le sucre, remuez délicatement, couvrez et laissez mariner à température ambiante pendant 12 heures.

2 Au bout de 12 heures, filtrez le contenu du saladier à travers une passoire. Récupérez le jus de la marinade et réservez les fraises. Versez le jus dans une cocotte ou dans une sauteuse.

3 Portez à ébullition sur feu moyen et laissez le sirop cuire pendant 5 minutes. Ajoutez les fraises et continuez la cuisson pendant 8 minutes environ. La cuisson doit se faire à gros bouillons.

4 Pour tester la cuisson de la confiture, versez une goutte de liquide sur une assiette que vous aurez mise 5 minutes dans votre congélateur. Si elle « prend », c'est que la confiture est prête. Sinon, poursuivez la cuisson en testant la consistance toutes les 3 minutes. Versez dans des pots stérilisés, fermez-les et retournez-les. Laissez tiédir et remettez les pots à l'endroit.

nos astuces de présentation

Un pot de confiture transparent recouvert d'un cercle de tissu de la couleur de vote choix, à faire tenir avec un élastique. Pour cacher l'élastique, un joli ruban. Accrochez un rectangle en carton percé d'un trou pour pouvoir faire passer le ruban.

que dire en l'offrant ?

Dégustez cette confiture sur vos tartines du matin, sur vos brioches du goûter. Elle sera également délicieuse pour garnir un gâteau roulé.

Muesli (granola) maison pour le petit déjeuner

bon marché • très facile à réaliser • préparation : 15 min • cuisson : 15 min • pour 1 bocal de 50 cl

1 saladier

1 plaque de cuisson antiadhésive

1 bocal

250 g de flocons d'avoine

25 g de sucre roux

50 g de graines de courge (magasins bio)

100 g d'un mélange de noix de pécan et de noisettes

150 g de fruits séchés (figues, abricots et raisins)

1 Préchauffez votre four à 180 °C (th. 6). Coupez les cerneaux de noix de pécan en 4 et concassez légèrement les noisettes. Coupez les fruits séchés en petits dés.

2 Mélangez les flocons d'avoine, le sucre, les graines de courge, les noix et les noisettes dans un saladier. Étalez sur une plaque de cuisson et enfournez.

3 Laissez cuire pendant 15 minutes environ, en remuant toutes les 5 minutes à l'aide d'une spatule. Versez à nouveau dans le saladier, ajoutez les fruits séchés et mélangez.

4 Laissez refroidir et mettez dans un bocal hermétique.

nos astuces de présentation

Un joli bocal ou bien un sac en Cellophane que vous fermerez avec du raphia.

que dire en l'offrant ?

Servez ce muesli pour le petit déjeuner, avec du lait ou du yaourt et éventuellement des fruits frais, selon la saison. Il se conserve 3 semaines dans un bocal hermétique.

Pâte à tartiner au chocolat

bon marché • très facile à réaliser • préparation : 15 min • cuisson : 10 min • pour 1 bocal de 50 cl

1 bol en verre
1 casserole
1 bocal

150 g de chocolat noir
50 g de chocolat au lait
100 g de chocolat au praliné (type « la pralinoise »)
100 g de margarine
20 cl de lait concentré sucré

Cassez les chocolats en morceaux et mettez-les dans un bol en verre avec la margarine.
Faites fondre au bain-marie en posant le bol sur une casserole d'eau frémissante, sans que le fond du bol touche l'eau.

Lorsque les 3/4 du chocolat sont fondus, retirez le bol de la casserole, puis remuez avec une spatule, jusqu'à ce que le mélange soit lisse.
Ajoutez le lait concentré sucré, remuez bien et versez dans un bocal.

Nos astuces de présentation
Un simple bocal ou des boîtes en métal comme les anciennes boîtes de cirage.

Pâte à tartiner au chocolat et aux noisettes

bon marché • très facile à réaliser • préparation : 15 min • cuisson : 10 min • pour 1 bocal de 50 cl

1 casserole
1 bocal

100 g de chocolat noir
100 de chocolat au lait
50 g de margarine
100 g de crème fraîche
4 cuil. à soupe de miel
4 cuil. à soupe de noisettes en poudre (20 g)

Cassez les chocolats en morceaux et mettez-les dans une casserole.
Ajoutez la margarine coupée en morceaux, la crème, le miel, puis faites fondre à feu doux en remuant de temps en temps.

Lorsque tout le chocolat est fondu, ajoutez la poudre de noisettes et continuez à remuer pendant 3 minutes.

Laissez refroidir hors du feu et versez dans un bocal.

Nos astuces de présentation
Un simple bocal ou des boîtes en métal comme les anciennes boîtes de cirage.

Pâte à tartiner aux fruits de la passion, façon « lemon curd »

bon marché • facile à réaliser • préparation : 10 min • cuisson : 20 min • pour 2 pots type pot à confiture

1 passoire fine
1 bol
1 bol en verre
1 casserole
1 fouet
2 pots de confiture stérilisés

8 à 10 fruits de la passion
le jus d'un 1/2 citron vert
150 g de sucre
4 œufs
75 g de beurre mou

1 Coupez les fruits de la passion en deux. À l'aide d'une petite cuillère, videz l'intérieur des fruits dans une passoire fine posée sur un bol. Appuyez bien avec le dos d'une cuillère pour extraire tout le jus des fruits. Vous devez obtenir 12 cl de jus de fruits de la passion.

2 Versez les œufs légèrement battus, le sucre, le jus de fruits de la passion, le jus de citron et le beurre coupé en petits morceaux dans un bol en verre, puis mélangez. Posez ce bol sur une casserole d'eau frémissante, sans que le fond du bol touche l'eau.

3 Mélangez régulièrement au début à l'aide d'un fouet, puis constamment à partir du moment où le mélange est chaud. Continuez à mélanger, jusqu'à ce que la crème épaississe.

4 Lorsqu'elle a la consistance d'une crème épaisse, arrêtez la cuisson et versez-la dans 2 pots de confiture.

nos astuces de présentation

Un pot en porcelaine ou en métal blanc, à personnaliser avec des transferts (magasins de loisirs créatifs).

que dire en l'offrant ?

Cette pâte à tartiner se déguste sur du pain grillé le matin ou dans des fonds de mini-pâte sablée. Elle se conserve au frais pendant une dizaine de jours.

pouilles et calinous

Sauce au caramel au beurre salé

bon marché • assez facile à réaliser • préparation : 5 min • cuisson : 6 min • pour 1 pot type pot à confiture

1 casserole, de préférence à fond clair
1 bol
1 pot de confiture

80 g de sucre
40 g de beurre demi-sel
10 cl de crème liquide
3 pincées de fleur de sel

1 Mettez le sucre dans une casserole et faites chauffer sur feu moyen. Ne remuez surtout pas. Le sucre va commencer à se dissoudre, devenir liquide, jusqu'à se transformer en un liquide ambré, ce qui prend 3 à 4 minutes environ. Pendant ce temps, versez la crème dans un bol et réchauffez-la dans votre four à micro-ondes afin qu'elle soit tout juste frémissante.

2 Dès que le sucre s'est transformé en liquide ambré, retirez la casserole du feu et ajoutez la crème liquide tiède, en faisant attention aux projections. Mélangez bien, ajoutez le beurre, mélangez à nouveau, jusqu'à ce que la sauce soit bien crémeuse.

3 Remettez la casserole sur feu doux et remuez sans cesse pendant 2 à 3 minutes, ce qui permettra de faire fondre les éventuels morceaux de caramel.

4 Ajoutez la fleur de sel et remuez. Versez la sauce dans un pot de confiture, fermez et réservez à température ambiante.

nos astuces de présentation

Un pot en porcelaine ou en métal blanc, à personnaliser avec des transferts (magasins de loisirs créatifs), ou bien un pot de confiture transparent recouvert d'un cercle de tissu de la couleur de vote choix, à faire tenir avec un élastique. Pour cacher l'élastique, un joli ruban.

que dire en l'offrant ?

Cette sauce au caramel est un délice avec un yaourt nature, de la glace à la vanille, sur une tranche de brioche ou sur des crêpes. Elle se conserve une semaine à température ambiante.

Gingembre confit

bon marché • assez facile à réaliser • préparation : 30 min • cuisson : 2 h • 1 bocal de 50 cl

1 couteau Économe
1 casserole
1 passoire
1 bocal

500 g de gingembre frais et râpé

Sirop :

50 cl d'eau

250 g de sucre

75 g de sucre cristal pour la finition

1 Coupez le gingembre en tranches de 0,8 mm. Mettez-les dans une casserole, recouvrez d'eau froide et portez à ébullition. Dès le début de l'ébullition, égouttez le gingembre, remettez-le dans la casserole, recouvrez d'eau froide et portez à ébullition. Procédez de cette manière 4 fois au total.

2 Remettez le gingembre dans la casserole avec le sucre et les 50 cl d'eau. Portez à ébullition, baissez le feu et laissez frémir sur feu très doux pendant 2 heures, en remuant de temps en temps durant les 20 dernières minutes.

3 Laissez le gingembre et le sirop dans la casserole et couvrez. Réservez pendant 48 heures, à température ambiante. Au bout de 48 heures, égouttez vos tranches de gingembre et étalez-les sur une feuille de papier sulfurisé.

4 Couvrez d'une seconde feuille et laissez-les sécher pendant 24 heures. Au bout de 24 heures, roulez les tranches de gingembre dans le sucre cristal et mettez-les dans un bocal.

nos astuces de présentation

Un pot en porcelaine ou en métal blanc, à personnaliser avec des transferts (magasins de loisirs créatifs), ou bien un pot de confiture transparent recouvert d'un cercle de papier Kraft, à faire tenir avec un élastique. Pour cacher l'élastique, un joli ruban. Pour écrire un petit mot, utilisez un rectangle en carton percé d'un trou pour pouvoir faire passer le ruban.

que dire en l'offrant ?

Vous pouvez déguster ce gingembre confit tel quel ou bien le découper en petits dés à ajouter dans des sablés, des gâteaux, les petits moelleux au chocolat (recette page 62) ou dans un cake au chocolat.
Il se conserve plusieurs semaines à température ambiante, à l'abri de la lumière.

Pruneaux au vin rouge

bon marché • très facile à réaliser • préparation : 15 min • cuisson : 15 min • pour 1 bocal de 50 cl

1 casserole

1 couteau de type zesteur ou 1 petite râpe

1 passoire fine - 1 bocal stérilisé

50 cl de vin rouge

1 gousse de vanille

1 bâton de cannelle - 1 anis étoilé

5 grains de poivre

le zeste d'1 citron vert

le zeste d'1 orange

100 g de sucre roux

500 g de pruneaux

10 cl de jus d'orange

Versez le vin dans une casserole. Fendez la gousse de vanille en deux, grattez les graines à l'aide de la pointe d'un couteau et ajoutez-les au vin avec la gousse.

Ajoutez le restant des épices, le poivre, les zestes et le sucre.
Portez à ébullition, baissez le feu et laissez mijoter pendant 15 minutes.

Laissez refroidir, filtrez, puis ajoutez les pruneaux et le jus d'orange.
Laissez mariner à température ambiante pendant au moins 2 heures.

Versez dans un bocal et conservez au frais.

Nos astuces de présentation
Un bocal en verre type Le Parfait, à décorer par exemple d'un bâton de cannelle.

Fausse confiture aux airelles et aux épices

bon marché • facile à réaliser • préparation : 10 min • cuisson : 10 min • pour 2 pots type pot à confiture

1 casserole

2 pots de confiture stérilisés

450 g d'airelles surgelées

200 g de sucre

le jus et le zeste d'1 orange

4 cuil. à soupe de porto

1/2 cuil. à café rase d'un mélange 4-épices

2 cuil. à café rases d'agar-agar (en magasin bio)

Mettez les airelles surgelées dans une casserole avec le jus d'orange. Portez à ébullition et laissez cuire pendant 5 minutes en remuant de temps en temps.

Ajoutez le zeste d'orange, le porto, le sucre et les épices, et mélangez.
Portez à ébullition, baissez le feu et laissez frémir pendant 2 minutes.

Ajoutez l'agar-agar, mélangez et laissez frémir pendant 3 minutes en remuant de temps en temps.

Versez dans les pots de confiture, fermez et retournez les pots.
Laissez tiédir, puis remettez les pots à l'endroit.

Nos astuces de présentation
Un pot de confiture transparent recouvert d'un cercle de tissu de la couleur de votre choix, à faire tenir avec un élastique. Pour cacher l'élastique, un joli ruban. Accrochez un rectangle en carton percé d'un trou pour pouvoir faire passer le ruban.

Pain d'épices traditionnel

bon marché • facile à réaliser • préparation : 25 min • cuisson : 1 h • 1 pain d'épices

1 moule à cake
1 saladier
1 casserole

125 g de farine de seigle (magasins bio)

75 g de farine complète

50 g de farine blanche

30 g de sucre roux

1 cuil. à café rase d'épices à pain d'épices

1/4 cuil. à café rase de sel

25 cl de lait

250 g de miel

1 cuil. à café de bicarbonate de soude

1. Préchauffez votre four à 150 ° C (th.5). Beurrez un moule à cake et mettez-le au frais.

2. Mélangez les farines, le sucre, les épices et le sel dans un saladier. Versez le lait dans une casserole et portez-le à ébullition, sur feu doux.

3. Hors du feu, ajoutez le miel et remuez jusqu'à ce qu'il soit dissous. Laissez tiédir, ajoutez le bicarbonate de soude et mélangez.

4. Ajoutez ce mélange liquide aux éléments secs, et mélangez jusqu'à ce que la pâte soit homogène. Versez la pâte dans le moule à cake, lissez la surface, et enfournez pour 1 heure. Une lame de couteau insérée au centre du pain d'épices doit ressortir sèche. Laissez tiédir, puis démoulez le pain d'épices sur une grille.

nos astuces de présentation

Emballez-le dans du film étirable, puis ajoutez du papier Cellophane fermé d'un joli ruban ou de raphia. Offrez en même temps les épices à pain d'épices (recette page 60).

que dire en l'offrant ?

Ce pain d'épices se conserve facilement pendant 3 semaines, emballé dans son film étirable, ou encore mieux, dans une boîte hermétique.

Pain

Cake aux cranberries (canneberges)

bon marché • facile à réaliser • préparation : 20 min • cuisson : 55 min • pour 1 cake

1 moule à cake
2 bols
1 saladier

150 g de cranberries séchées (canneberges)

10 cl de jus de pomme

175 g de beurre demi-sel mou

100 g de sucre roux

1 cuil. à soupe de sirop d'érable

3 œufs

225 g de farine à levure incorporée

ou 225 g de farine et 1 sachet de levure chimique (11 g)

5 cl de lait

1 Mettez les canneberges et le jus de pomme dans un bol. Mélangez et laissez reposer pendant 15 minutes.

2 Préchauffez votre four à 180 °C (th. 6). Beurrez un moule à cake et mettez-le au frais.

3 Mélangez le beurre mou, le sucre et le sirop d'érable dans un saladier, jusqu'à ce que le mélange soit crémeux. Battez très légèrement les œufs, ajoutez-les progressivement au mélange précédent, tout en remuant. Ajoutez la farine (et éventuellement la levure), le lait, et mélangez bien. Égouttez les canneberges, ajoutez-les à la pâte et mélangez bien.

4 Versez dans le moule à cake, lissez la surface et enfournez pour 15 minutes. Au bout de 15 minutes de cuisson, baissez la température de votre four à 150 °C (th. 5) et poursuivez la cuisson pendant 40 minutes environ. Une lame de couteau insérée au centre du cake doit ressortir sèche. Laissez tiédir, puis démoulez le cake sur une grille.

nos astuces de présentation

Emballez-le dans du film étirable puis ajoutez du papier cellophane fermé d'un joli ruban ou de raphia. Vous pouvez également le mettre dans une cagette en bois, comme celle que l'on trouve chez les boulangers ou dans un panier en osier.

que dire en l'offrant ?

Les cranberries ou canneberges sont des petites baies rouges acidulées qui sont cultivées au Canada. On les trouve assez facilement en version séchée et elles sont très agréables dans les cakes.

Ce gâteau se conserve facilement pendant 3 à 4 jours, emballé dans son film étirable, ou encore mieux, dans une boîte hermétique.

Cake au miel et aux fruits confits

bon marché • facile à réaliser • préparation : 20 min • cuisson : 55 min • pour 1 cake

1 moule à cake
2 bols
1 saladier

200 g de raisins secs

100 g d'écorces d'orange confites coupées en dés de 5 mm

4 cuil. à soupe de rhum

175 g de beurre demi-sel mou

150 g de sucre roux

1 cuil. à soupe de miel liquide

3 œufs

225 g de farine à levure incorporée

ou 225 g de farine et 1 sachet de levure chimique (11 g)

1 pointe de couteau d'un mélange 4-épices

1 Mettez les raisins et les écorces d'orange dans un bol avec le rhum. Mélangez et laissez reposer pendant une heure.

2 Préchauffez votre four à 180 °C (th. 6). Beurrez un moule à cake et mettez-le au frais.

3 Mélangez le beurre, le sucre et le miel dans un saladier, jusqu'à ce que le mélange soit crémeux. Battez très légèrement les œufs, ajoutez-les progressivement au mélange précédent, tout en remuant. Ajoutez la farine (et éventuellement la levure), les épices, et mélangez bien. Ajoutez les raisins, les écorces d'orange avec leur jus, et mélangez bien.

4 Versez dans le moule à cake, lissez la surface et enfournez pour 15 minutes. Au bout de 15 minutes de cuisson, baissez la température de votre four à 150 °C (th. 5) et poursuivez la cuisson pendant 40 minutes environ. Une lame de couteau insérée au centre du cake doit ressortir sèche. Laissez tiédir, puis démoulez le cake sur une grille.

nos astuces de présentation

Emballez-le dans du film étirable, puis ajoutez du papier Cellophane fermé d'un joli ruban ou de raphia. Vous pouvez également le mettre dans une cagette en bois, comme celles que l'on trouve chez les boulangers.

que dire en l'offrant ?

Ce gâteau se conserve facilement plus d'une semaine, emballé dans son film étirable, ou encore mieux, dans une boîte hermétique.

Mélange cajun

bon marché • très facile à réaliser • préparation : 15 min • pour 1 bocal de 20 cl

1 petit robot de type mixeur
1 bocal

15 g d'oignons en poudre
30 g d'ail en poudre
50 g de paprika
1 cuil. à café rase de piment de Cayenne
15 tours de moulin à poivre
2 cuil. à café rases de thym séché
2 cuil. à café rases d'origan

Mettez tous les ingrédients dans le bol de votre robot et actionnez-le pendant une dizaine de secondes, jusqu'à obtenir une poudre.

Versez le mélange dans un bocal.

Nos astuces de présentation
Des petits bocaux en porcelaine ou en verre, des tubes à essai fermés par des bouchons en liège.

Mélange « pain d'épices »

bon marché • très facile à réaliser • préparation : 20 min • pour 1 petit bocal de 10 cl

1 petit robot de type mixeur ou 1 moulin à café
1 tamis ou 1 passoire fine
1 petit bocal

6 petits bâtons de cannelle (15 g)
2 étoiles de badiane
10 clous de girofle
10 g de graines de coriandre
20 g d'anis vert
1 cuil. à café rase de gingembre en poudre (3 g)
1 cuil. à café rase de muscade fraîchement râpée (3 g)

Cassez les bâtons de cannelle en morceaux.
Mettez tous les ingrédients (sauf le gingembre et la muscade) dans un moulin à café ou dans un petit robot mixeur.

Actionnez-le jusqu'à obtenir une poudre fine.

Arrêtez de temps en temps votre robot pour ne pas le faire chauffer.
Passez ce mélange à travers le tamis afin d'éliminer les éventuels morceaux d'épices.

Versez dans un petit bocal.

Nos astuces de présentation
Un bocal transparent recouvert d'un cercle de tissu de la couleur de vote choix, à faire tenir avec un élastique. Pour cacher l'élastique, un joli ruban. Ajoutez un bâton de cannelle tenu par le ruban.

Mini-moelleux au chocolat et aux écorces d'orange

bon marché • facile à réaliser • préparation : 20 min • cuisson : 15 min • pour 20 moelleux environ

1 casserole
2 bols
1 grand bol en verre
1 casserole
1 saladier
1 fouet
1 moule à mini-muffins en silicone

200 g de beurre
150 g de chocolat noir à 70 % de cacao
175 g de sucre glace
75 g de farine
75 g de poudre d'amandes
6 blancs d'œufs
1 cuil. à soupe de sirop d'érable
75 g d'écorces d'orange coupées en dés

1 Préchauffez votre four à 180 °C (th.6). Faites fondre le beurre dans une casserole sur feu doux, puis mettez-le dans un bol en verre. Cassez le chocolat, mettez-le dans un bol en verre et faites-le fondre au bain-marie.

2 Mélangez tous les ingrédients secs dans un saladier (sauf les écorces d'orange). Fouettez légèrement les blancs et ajoutez-les aux éléments secs. Mélangez à l'aide d'un fouet jusqu'à obtenir une pâte lisse.

3 Ajoutez le beurre fondu, le sirop d'érable et mélangez bien. Ajoutez le chocolat fondu et les écorces d'orange et mélangez.

4 Remplissez aux 3/4 les empreintes de votre moule à mini-muffins et enfournez pour 15 minutes. Une lame de couteau insérée au centre d'un moelleux doit ressortir sèche. Laissez tiédir, puis démoulez sur une grille.

nos astuces de présentation

Un panier en osier ou en bois, dans lequel vous mettrez une jolie serviette en papier ou du papier de soie. Sinon, une boîte en métal.

que dire en l'offrant ?

Le mélange chocolat et orange est particulièrement agréable. Ces moelleux peuvent se servir comme dessert avec des fruits frais ou pour le goûter.
Ils se conservent 3 jours dans une boîte hermétique.

Truffes au chocolat et au piment d'Espelette

bon marché • très facile à réaliser • préparation : 30 min en 2 étapes • cuisson : 10 min • pour 30 truffes environ

1 saladier
1 casserole
1 spatule
1 moule à cake tapissé de film étirable ou 1 moule à cake en silicone (facultatif)
1 boîte hermétique

200 g de chocolat noir à 70 % de cacao
15 cl de crème liquide
25 g de beurre mou
6 pincées de piment d'Espelette
50 g de cacao non sucré

1 Cassez le chocolat en morceaux, puis coupez-le en copeaux à l'aide d'un grand couteau. Mettez-le dans un saladier assez grand pour contenir toute la préparation. Versez la crème et le beurre dans une casserole et chauffez l'ensemble sur feu moyen.

2 Dès le début de l'ébullition, versez le mélange sur le chocolat. Remuez doucement avec une spatule, jusqu'à ce que le mélange soit bien lisse. Ajoutez le piment d'Espelette et mélangez. Couvrez et mettez au frais pour plusieurs heures.

3 Versez le cacao dans une assiette. Prélevez des morceaux de pâte à truffe à l'aide d'une grande cuillère, puis façonnez des truffes en les roulant entre vos paumes. Faites rouler les truffes dans le cacao à l'aide d'une fourchette, puis mettez-les dans une boîte hermétique. Réservez au frais jusqu'au moment de les offrir.

4 Astuce : Versez la pâte à truffes dans un moule à cake en silicone ou dans un moule à cake tapissé de film étirable et lissez la surface. Mettez au frais pour quelques heures, puis démoulez. Coupez la pâte en petits cubes et roulez-les dans le cacao. Vous aurez des truffes originales de forme carrée et vous aurez gagné beaucoup de temps.

nos astuces de présentation

Offrez-les dans une cagette en bois que l'on trouve chez les boulangers pour présenter le pain. Pour personnaliser la cagette, je vous suggère d'utiliser la technique du « décopatch », très facile à réaliser. Vous trouverez le matériel dans les magasins de loisirs créatifs. La technique consiste à découper des morceaux de papier très fin que l'on colle sur un support. Le support est ensuite verni, ce qui donne de très jolis résultats.

que dire en l'offrant ?

Ces truffes se conservent 3 jours au frais.

Mini-financiers au chocolat

bon marché • facile à réaliser • préparation : 20 min • cuisson : 8 min • pour 40 mini-financiers environ

2 casseroles
2 bols
1 bol en verre
1 saladier
1 fouet
1 moule à mini-financiers en silicone

100 g de beurre
75 g de chocolat noir
75 g de sucre glace
40 g de farine
35 g de poudre d'amandes
3 blancs d'œufs
1 cuil. à soupe de miel

1. Préchauffez votre four à 180 °C (th. 6). Faites fondre le beurre dans une casserole sur feu doux. Lorsqu'il commence à avoir une odeur de noisette, versez-le dans un bol, et laissez-le tiédir. Cassez le chocolat, mettez-le dans un bol en verre et faites-le fondre au bain-marie.

2. Mélangez tous les ingrédients secs dans un saladier. Ajoutez les blancs d'œufs légèrement battus, puis mélangez à l'aide d'un fouet jusqu'à obtenir une pâte lisse.

3. Ajoutez le beurre fondu, le miel, et mélangez bien. Ajoutez le chocolat fondu et mélangez.

4. Remplissez les empreintes de votre moule à mini-financiers de pâte et enfournez pour 8 minutes. Laissez tiédir, puis démoulez sur une grille.

nos astuces de présentation

Une boîte en carton ou en métal, dans laquelle vous mettrez une jolie serviette en papier ou du papier de soie ou bien une cagette en bois que l'on trouve chez les boulangers pour présenter le pain, à personnaliser avec des étiquettes ou des transferts (magasins de loisirs créatifs).

que dire en l'offrant ?

Ces mignardises se dégustent avec le café ou au goûter.
Elles se conservent 3 jours dans une boîte hermétique.

Petites boules croquantes au chocolat blanc et aux cranberries

bon marché • très facile à réaliser • préparation : 25 min • pour 20 boules environ

1 bol en verre
1 casserole
1 spatule
petites caissettes en papier de 3,5 cm de diamètre

200 g chocolat blanc de bonne qualité

25 g de beurre

30 g de pétales de maïs doré nature

30 g de cranberries séchées (canneberges) grossièrement hachées

Cassez le chocolat en morceaux et mettez-les dans un bol en verre avec le beurre. Posez ce bol sur une casserole d'eau frémissante, sans que le fond touche l'eau.

Lorsque la moitié du chocolat est fondu, retirez le bol de la casserole et remuez avec une spatule, jusqu'à ce que le mélange soit bien lisse.

Ajoutez les cranberries, les pétales de maïs, et mélangez.

Remplissez les caissettes avec la préparation, en vous servant d'une petite cuillère. Mettez au frais pendant quelques heures pour les faire durcir.

Petites boules croquantes au chocolat

bon marché • très facile à réaliser • préparation : 25 min • pour 25 boules environ

1 bol en verre
1 casserole
1 spatule
petites caissettes en papier de 3,5 cm de diamètre

100 g de chocolat noir

150 g de chocolat au praliné type « la pralinoise »

25 g de beurre

30 g de grain de riz soufflé nature type Rice Krispies

Cassez le chocolat et la pralinoise en morceaux et mettez-les dans un bol en verre avec le beurre.
Posez ce bol sur une casserole d'eau frémissante, sans que le fond touche l'eau.

Lorsque la moitié du chocolat est fondu, retirez le bol de la casserole et remuez avec une spatule, jusqu'à ce que le mélange soit bien lisse.

Ajoutez le riz soufflé et mélangez.

Remplissez les caissettes avec la préparation, en vous servant d'une petite cuillère. Mettez au frais pendant quelques heures pour les faire durcir.

Nos astuces de présentation (pour les 2 recettes)
Un bocal en verre ou une boîte en carton, dans laquelle vous mettrez une jolie serviette en papier ou du papier de soie.

Sablés au chocolat

bon marché • facile à réaliser • préparation : 25 min • cuisson : 12 min • pour 25 sablés environ

1 saladier
1 spatule
film étirable
1 rouleau à pâtisserie
1 ou 2 plaques de cuisson antiadhésives
1 emporte-pièce de 6 cm de diamètre ou 1 verre

100 g de beurre mou
100 g de sucre glace
25 g de cacao en poudre non sucré
2 jaunes d'œufs
200 g de farine

1 Mettez le beurre, le sucre glace et le cacao dans un saladier. Mélangez à l'aide d'une spatule jusqu'à obtenir un mélange homogène. Ajoutez les jaunes d'œufs et mélangez jusqu'à obtenir un mélange crémeux. Ajoutez la farine, puis sablez le mélange entre vos mains.

2 Formez une boule sans trop pétrir la pâte, puis aplatissez-la légèrement pour former une galette. Réservez au frais dans du film étirable pendant 30 minutes.

3 Préchauffez votre four à 180 °C (th. 6). Sur une surface farinée, étalez la pâte sur une épaisseur de 3 mm. Découpez des cercles à l'aide de l'emporte-pièce. Reformez une boule avec les chutes de pâte, étalez à nouveau et découpez des cercles.

4 Déposez-les sur une plaque de cuisson. Enfournez et laissez cuire pendant 12 minutes. Retirez-les de la plaque de cuisson à l'aide d'une spatule, puis laissez refroidir sur une grille.

nos astuces de présentation

Une boîte en carton ou en métal, dans laquelle vous mettrez une jolie serviette en papier ou du papier de soie ou un sac en papier comme ceux que l'on trouve dans les rayons « papier cadeau ».

que dire en l'offrant ?

Ces sablés peuvent compléter un dessert, comme des poires pochées ou des figues rôties, ou se grignoter à toute heure. Ils se conservent 4 à 5 jours dans une boîte hermétique.

Caramels mous au chocolat et à la fleur de sel

bon marché • assez facile à réaliser • préparation : 15 min • cuisson : 25 min • pour 50 caramels environ

1 casserole

1 thermomètre à sucre ou 1 thermosonde de cuisson

1 cuillère en bois

1 cadre en métal, 1 planche en bois et 1 feuille de papier sulfurisé

200 g de chocolat au lait

25 cl de crème liquide

250 g de sucre

180 g de sirop de glucose

1 cuil. à café rase de fleur de sel

1 noix de beurre demi-sel

1. Cassez le chocolat en morceaux, puis coupez-le en copeaux à l'aide d'un grand couteau. Versez la crème dans une casserole et faites-la chauffer sur feu moyen. Dès le début de l'ébullition, ajoutez le chocolat et faites-le fondre sur feu doux en remuant sans cesse à l'aide d'une cuillère en bois.

2. Ajoutez le sucre, le sirop de glucose et le sel, et faites fondre l'ensemble sur feu doux en remuant de temps en temps.

3. Lorsque tout le mélange est fondu, augmentez le feu (moyen vif) et faites cuire jusqu'à ce que le mélange atteigne une température de 118 °C, ce qui prend environ 15 minutes à partir du début de l'ébullition.

4. Hors du feu, ajoutez le beurre et mélangez bien. Versez la préparation au centre du cadre posé sur une feuille de papier sulfurisé, sur une surface ne craignant pas la chaleur, comme une planche en bois. Lissez éventuellement la surface du caramel à l'aide d'une spatule. Laissez refroidir pendant 6 heures à température ambiante avant de couper en carrés ou en rectangles.

nos astuces de présentation

Décorez le dessus d'une boîte à camembert, ajoutez du papier de soie à l'intérieur et disposez les caramels dessus. Vous pouvez également emballer chaque caramel dans du papier Cellophane.

que dire en l'offrant ?

Ces caramels se conservent 2 semaines à température ambiante dans un endroit sec.

Amandes caramélisées à la fleur de sel

bon marché • assez facile à réaliser • préparation : 10 min • cuisson : 25 min • pour 200 g d'amandes

1 poêle

1 bol

1 casserole

1 thermomètre à sucre ou 1 thermosonde de cuisson (facultatif)

papier sulfurisé ou feuille en silicone

200 g d'amandes

5 cl d'eau

100 g de sucre

10 g de beurre

3 à 4 pincées de fleur de sel

1 Faites chauffer une poêle sans matière grasse sur feu vif. Ajoutez les amandes et faites-les revenir jusqu'à ce qu'elles soient légèrement colorées. Versez-les dans un bol pour les faire refroidir.

2 Versez l'eau et le sucre dans une casserole. Faites chauffer sur feu moyen vif jusqu'au « petit boulé », soit une température de 118 °C (la cuisson prend environ 5 minutes). Si vous n'avez pas de thermomètre à sucre, ni de thermosonde de cuisson, prélevez une petite quantité du mélange et versez-la dans un bol d'eau glacée. Elle doit former une boule souple entre vos doigts.

3 Hors du feu, ajoutez les amandes et remuez bien, jusqu'à ce que les amandes soient recouvertes d'une sorte de sable blanc. Remettez la casserole sur feu moyen vif. Commencez à remuer sans cesse à partir du moment où le sucre commence à se dissoudre. Les amandes vont caraméliser progressivement. Arrêtez la cuisson lorsque les amandes sont entièrement caramélisées et « claquent » de plus en plus fort.

4 Hors du feu, ajoutez le beurre, le sel, remuez bien, puis versez la préparation sur une surface recouverte de papier sulfurisé ou d'une feuille de silicone. Laissez refroidir en séparant au fur et à mesure les amandes.

nos astuces de présentation

Un pot de confiture, un bocal en verre ou un sachet en Cellophane fermé d'un joli ruban.

que dire en l'offrant ?

Ces amandes sont très agréables avec une glace à la vanille et une sauce au chocolat. Elles se conservent 3 à 5 jours à température ambiante, dans un endroit sec.

Petits carrés au praliné

bon marché • très facile à réaliser • préparation : 10 min • pour 30 petits carrés environ

1 bol en verre

1 casserole

1 moule à cake tapissé de film étirable ou 1 moule à cake en silicone

1 boîte hermétique

50 g de chocolat noir à 70 % de cacao

200 g de chocolat au praliné type « la pralinoise »

75 g de gavottes (crêpes dentelle)

Cassez les chocolats en morceaux et mettez-les dans un bol en verre. Posez ce bol sur une casserole d'eau frémissante, sans que le fond du bol touche l'eau. Lorsque la moitié du chocolat est fondu, retirez le bol de la casserole et remuez jusqu'à ce que le mélange soit bien lisse.

Émiettez les gavottes en les écrasant tout simplement entre vos mains, ajoutez-les au mélange précédent et mélangez.

Versez dans un moule à cake en silicone ou dans un moule à cake tapissé de film étirable. Lissez la surface et mettez au frais.

Au bout de quelques heures, démoulez et coupez en petits carrés.

Orangettes au chocolat

coût moyen • assez facile à réaliser • préparation : 30 min • cuisson : 10 min • pour 40 orangettes environ

1 bol en verre

1 casserole

1 feuille en silicone alimentaire ou 1 feuille de papier sulfurisé

200 g de chocolat noir à 70 %

150 g d'écorces d'orange confites

Cassez le chocolat en morceaux et mettez-les dans un bol en verre. Posez le bol en verre sur une casserole d'eau frémissante sans que le fond du bol touche l'eau. Lorsque les 3/4 du chocolat sont fondus, retirez la casserole du feu et remuez, jusqu'à ce que le mélange soit bien lisse.

Remuez encore pendant 3 minutes, pour faire tiédir le chocolat. Plongez les écorces d'orange 4 par 4 dans le chocolat, puis sortez-les à l'aide de 2 fourchettes. Laissez-les légèrement s'égoutter au dessus du chocolat, puis déposez-les sur la feuille en silicone ou le papier sulfurisé.

Continuez ainsi avec le reste des écorces d'orange.
C'est prêt lorsque le chocolat a durci autour des écorces.

Nos astuces de présentation (pour les deux recettes)
Dans un bocal en verre ou dans une boîte dans laquelle vous mettrez du papier de soie.

Mini-gâteaux aux courgettes

bon marché • facile à réaliser • préparation : 30 min • cuisson : 25 min • pour 8 mini-gâteaux

1 moule à muffins
1 poêle
1 bol
1 râpe
1 saladier

50 g de pignons de pin

180 g de sucre roux

1 sachet de sucre vanillé

2 œufs

10 cl d'huile de tournesol

200 g de courgettes râpées

180 g de farine

2 cuil. à café rase de levure chimique

1 cuil. à café rase de cannelle

1 Beurrez les alvéoles de votre moule à muffins et mettez-le au frais. Préchauffez votre four à 180 °C (th. 6).

2 Faites chauffer une poêle sans matière grasse sur feu vif. Versez les pignons de pin et faites-les revenir jusqu'à ce qu'ils soient légèrement colorés. Versez-les dans un bol pour les faire refroidir. Lavez les courgettes, retirez leurs extrémités, puis râpez-les avec la peau.

3 Mélangez les œufs, le sucre et le sucre vanillé dans un saladier, jusqu'à ce que le mélange soit bien crémeux. Ajoutez l'huile et mélangez à nouveau. Ajoutez les courgettes râpées, puis mélangez bien. Ajoutez la farine, la levure, la cannelle, les pignons, et mélangez bien.

4 Versez dans les moules à muffins en les remplissant aux 3/4. Enfournez pour 25 minutes environ. Une lame de couteau insérée au centre des petits gâteaux doit ressortir sèche. Laissez tiédir, puis démoulez sur une grille.

nos astuces de présentation

Dans un panier ou une corbeille en osier, garnis d'une jolie serviette en papier.

que dire en l'offrant ?

Ces gâteaux restent moelleux grâce à la présence des courgettes. Ils sont très proches des fameux carrot cake anglo-saxons. Vos enfants vont les adorer pour leur goûter ou en guise de dessert.
Ils se conservent 3 jours dans du film étirable ou dans une boîte hermétique.

Biscuits au gingembre

bon marché • facile à réaliser • préparation : 20 min • cuisson : 15 min • pour 20 biscuits environ

1 casserole
1 grand saladier
1 ou 2 plaques de cuisson antiadhésives

100 g de beurre
2 cuil. à soupe de sirop d'érable
150 g de farine complète
150 g de farine
1 sachet de levure chimique
150 g de sucre roux
2 cuil. à café rase de gingembre moulu
1 œuf
2 cuil. à soupe de lait

1 Préchauffez votre four à 150 °C (th. 5). Mettez le beurre et le sirop d'érable dans une casserole. Faites chauffer sur feu doux, jusqu'à ce que le beurre soit fondu.

2 Versez tous les ingrédients secs dans un saladier. Ajoutez le beurre fondu, le sirop d'érable et l'œuf légèrement battu. Mélangez à l'aide d'une cuillère en bois, ajoutez le lait et mélangez à nouveau avec les mains, jusqu'à obtenir une pâte souple. Laissez la pâte reposer 30 minutes au frais, emballée dans du film étirable.

3 Formez des boules de la taille d'une noix et disposez-les sur la plaque de cuisson en laissant suffisamment de place entre chaque biscuit. Étalez les boules pour former des galettes de 1 cm d'épaisseur, en appuyant avec le fond d'un verre.

4 Enfournez pour 15 minutes, jusqu'à ce que les biscuits soient blonds. Retirez-les de la plaque de cuisson à l'aide d'une spatule, puis laissez refroidir sur une grille.

nos astuces de présentation

Dans un pot à fleur en métal ou en terre, à entourer de papier Cellophane et à fermer à l'aide d'un joli ruban.

que dire en l'offrant ?

Ces biscuits sont là pour assouvir votre gourmandise à tout moment de la journée. Ils se conservent une semaine dans une boîte hermétique.

Biscotti

bon marché • facile à réaliser • préparation : 20 min • cuisson : 25 min • pour 40 biscotti

1 poêle
1 bol
1 saladier
1 plaque de cuisson antiadhésive

200 g de farine
2 cuil. à café rases de levure chimique
100 g de sucre
2 œufs battus
50 g de pignons de pin
2 pincées de sel

1. Préchauffez votre four à 180 °C (th. 6). Faites chauffer une poêle sans matière grasse sur feu vif. Versez les pignons de pin et faites-les revenir jusqu'à ce qu'ils soient légèrement colorés. Versez-les dans un bol pour les faire refroidir.

2. Mélangez la farine, la levure, le sucre et le sel dans un saladier. Ajoutez les œufs et malaxez jusqu'à obtenir une pâte souple. Incorporez les pignons à la pâte, en la malaxant à nouveau. La pâte est naturellement collante ; si vous avez du mal à la manipuler, ajoutez 1 à 2 cuillerées à soupe de farine.

3. Divisez la pâte en 2 et façonnez 2 boudins de 25 cm de long et de 5 cm de large. Posez-les sur une plaque de cuisson antiadhésive en les espaçant. Enfournez pour 15 minutes environ, jusqu'à ce que les boudins soient blonds. Laissez refroidir 5 minutes sur une grille. Baissez la température du four à 150 °C (th. 5).

4. Coupez les boudins en tranches de 1,5 cm de large, à l'aide d'un couteau à pain, et posez-les sur la plaque de cuisson. Enfournez les biscotti pour 15 minutes, afin de les faire sécher, en les retournant à mi-cuisson. Ils doivent être fermes au toucher. Faites-les refroidir sur une grille.

nos astuces de présentation

Offrez-les dans une boîte hermétique ou dans un panier.

que dire en l'offrant ?

Servez ces biscotti trempés dans un bon café, ou encore mieux, avec un verre de Vino Santo.
Ils se conservent 2 à 3 semaines dans une boîte hermétique.

Mini-financiers

bon marché • facile à réaliser • préparation : 20 min • cuisson : 12 min • pour 40 mini-financiers environ

1 casserole
1 bol
1 fouet
1 saladier
1 moule à mini-financiers en silicone

175 g de beurre
200 g de sucre glace
100 g d'amandes en poudre
1 pincée de sel
75 g de farine
6 blancs d'œufs

1 Faites fondre le beurre dans une casserole sur feu doux. Lorsqu'il commence à avoir une odeur de noisette, versez-le dans un bol, et laissez-le tiédir.

2 Mélangez tous les ingrédients secs dans un saladier. Ajoutez les blancs d'œufs légèrement battus, puis mélangez à l'aide d'un fouet jusqu'à obtenir une pâte lisse. Ajoutez le beurre tiédi et mélangez bien.

3 Remplissez les empreintes de votre moule à mini-financiers de pâte, puis réservez au réfrigérateur pendant une demi-heure.

4 Préchauffez votre four à 180 °C (th. 6). Enfournez les mini-financiers pour 12 minutes. Éteignez votre four et laissez les mini-financiers dans le four, pendant encore 5 minutes. Laissez tiédir, puis démoulez sur une grille.

nos astuces de présentation

Une boîte en carton ou en métal, dans laquelle vous mettrez une jolie serviette en papier ou du papier de soie.

que dire en l'offrant ?

Ces mignardises typiquement françaises se servent avec le café avec éventuellement d'autres mignardises, comme des mini-financiers au chocolat (recette page 66), des petits carrés au praliné (recette page 76) ou des orangettes au chocolat (recette page 76). Les mini-financiers se conservent 3 jours dans une boîte hermétique.

Croissants aux noisettes comme en Alsace

bon marché • facile à réaliser • préparation : 25 min • cuisson : 15 min • pour 40 biscuits environ

1 saladier
du film étirable
1 spatule
1 ou 2 plaques de cuisson antiadhésives

150 g de beurre demi-sel mou
100 g de sucre
100 g de noisettes en poudre
1 blanc d'œuf
200 g de farine

sucre glace pour le décor

1 Préchauffez votre four à 150 °C (th. 5). Mélangez le beurre avec le sucre dans un saladier, jusqu'à obtenir un mélange crémeux. Ajoutez les noisettes en poudre, le blanc d'œuf, et mélangez jusqu'à ce que le mélange soit homogène.

2 Ajoutez la farine, commencez à mélanger avec une spatule et continuez avec vos mains, jusqu'à obtenir une pâte souple. Formez une boule de pâte et laissez-la reposer au frais dans du film étirable, pendant 1 heure.

3 Divisez la pâte en 4 et formez 4 longs boudins de pâte de 2 cm de diamètre. Coupez chaque boudin en tronçons de 4 cm, puis façonnez chaque tronçon en forme de croissant. Déposez-les au fur et à mesure sur une plaque de cuisson.

4 Enfournez pour 15 minutes. Les biscuits doivent être encore souples au toucher, mais leur base doit être suffisamment ferme pour que vous puissiez les déplacer sur la plaque en les poussant. Retirez-les de la plaque de cuisson à l'aide d'une spatule, puis laissez tiédir sur une grille. Roulez-les dans le sucre glace, puis laissez à nouveau refroidir sur la grille.

nos astuces de présentation

Offrez-les dans une boîte en carton avec du papier de soie.

que dire en l'offrant ?

Ces biscuits secs sont typiques de la période de Noël. Ils se conservent 5 jours dans une boîte hermétique.

Spéculos

bon marché • facile à réaliser • préparation : 30 min • cuisson : 12 min • pour 40 spéculos environ

1 bol - 1 saladier - 1 spatule
1 rouleau à pâtisserie
1 ou 2 plaques de cuisson antiadhésives

225 g de sucre roux de type cassonade
2 cuil. à café rase d'un mélange spécial pain d'épices
225 g de beurre demi-sel mou
400 g de farine - 1 œuf
5 g de levure chimique

Versez le sucre et les épices dans un saladier. Ajoutez le beurre et l'œuf. Mélangez l'ensemble avec une spatule jusqu'à ce que le mélange soit homogène. Ajoutez le mélange farine et levure, progressivement, en mélangeant avec une spatule. Formez une boule et laissez-la reposer au frais pendant une nuit, emballée dans du film étirable.

Le lendemain, préchauffez votre four à 180 °C (th. 6).
Divisez la boule en deux et, sur une surface farinée, étalez chaque partie sur une épaisseur de 5 mm. Découpez des rectangles de 4 sur 8 cm et disposez-les au fur et à mesure sur la plaque de cuisson. Enfournez pour 12 minutes environ jusqu'à ce que les spéculos soient dorés. Retirez-les de la plaque de cuisson à l'aide d'une spatule, puis laissez refroidir sur une grille.

Digestive biscuits, comme en Grande-Bretagne

bon marché • facile à réaliser • préparation : 20 min • cuisson : 15 min • pour 20 biscuits environ

1 robot de type mixeur
1 saladier - 1 spatule
1 rouleau à pâtisserie
1 ou 2 plaques de cuisson antiadhésives
1 emporte-pièce de 6 cm de diamètre ou 1 verre

150 g de farine complète
50 g de flocons d'avoine
1 cuil. à café rase de levure chimique
50 g de sucre roux
100 g de beurre demi-sel mou
2 cuil. à soupe de lait

Préchauffez vote four à 180 °C (th. 6). Mettez les flocons d'avoine dans le bol du robot et actionnez-le 5 secondes afin d'obtenir une chapelure. Mélangez tous les ingrédients secs dans un saladier. Ajoutez le beurre et incorporez-le du bout des doigts jusqu'à obtenir une pâte sableuse. Ajoutez le lait et mélangez jusqu'à obtenir une boule de pâte. Laissez-la reposer 15 minutes au frais, emballée dans du film étirable.

Étalez la pâte entre 2 feuilles de papier sulfurisé, sur une épaisseur de 5 mm. Coupez des cercles de 6 cm de diamètre, à l'aide de l'emporte-pièce, et déposez-les au fur et à mesure sur une plaque de cuisson. Reformez une boule avec les chutes de pâte, étalez à nouveau et découpez des cercles.

Piquez les cercles de pâte de quelques coups de fourchette. Enfournez-les pour 15 minutes environ, jusqu'à ce qu'ils soient dorés. Retirez-les de la plaque de cuisson à l'aide d'une spatule, puis laissez refroidir sur une grille.

Nos astuces de présentation (pour les deux recettes)
Une boîte en carton ou en métal, dans laquelle vous mettrez une jolie serviette en papier ou du papier de soie.

Index des recettes

Les bocaux salés

Ketchup 6
Chutney aux poires et aux dattes 8
Ananas confit au poivre de Penja 10
Crème d'olives 12
Pesto sicilien 12
Tomates séchées au romarin 14
Confiture de tomates, pommes et poivrons aux piments 16
Confit d'oignons doux au vin rouge et au gingembre 18
Citrons confits 20
Petits fromages de chèvre marinés à l'huile d'olive et aux herbes 20
Poivrons marinés aux herbes 22

Les terrines

Terrine de canard aux noisettes 24
Rillettes de thon à la pomme verte 26

Les huiles et vinaigres parfumés

Huile pimentée 28
Vinaigre à la fraise 28

Les sablés salés et sucrés

Sablés au parmesan, thym et noisettes 30
Sablés au comté, aux amandes et aux graines de pavot 32
Sablés diamants à la vanille 34

Les sucres et les sels

Sucre vanillé 36
Sel au romarin et aux épices 36

Les bocaux sucrés

Confiture de poires à la cardamome 38
Confiture de fraises à la vanille 40
Muesli (granola) maison pour le petit déjeuner 42
Pâte à tartiner au chocolat 44
Pâte à tartiner au chocolat et aux noisettes 44
Pâte à tartiner aux fruits de la passion, façon « lemon curd » 46
Sauce au caramel au beurre salé 48

Gingembre confit 50
Pruneaux au vin rouge 52
Fausse confiture aux airelles et aux épices 52

Cakes et pain d'épices
Pain d'épices traditionnel 54
Cake aux cranberries (canneberges) 56
Cake au miel et aux fruits confits 58

Mélange d'épices
Mélange cajun 60
Mélange « pain d'épices » 60

Autour du chocolat et du caramel
Mini-moelleux au chocolat et aux écorces d'orange 62
Truffes au chocolat et au piment d'Espelette 64
Mini-financiers au chocolat 66
Petites boules croquantes au chocolat blanc et aux cranberries 68
Petites boules croquantes au chocolat 68
Sablés au chocolat 70
Caramels mous au chocolat et à la fleur de sel 72
Amandes caramélisées à la fleur de sel 74
Petits carrés au praliné 76
Orangettes au chocolat 76

Biscuits et petits gâteaux
Mini-gâteaux aux courgettes 78
Biscuits au gingembre 78
Biscotti 80
Mini-financiers 82
Croissants aux noisettes comme en Alsace 84
Spéculos 86
Digestive biscuits, comme en Grande-Bretagne 86

Infos mesures

	1 cuil. à café rase	1 cuil. à soupe rase
Eau	0,5 cl	1 cl
Huile	5 g	16 g
Miel	5 g	18 g
Sel	5 g	15 g
Sucre	6 g	20 g